글 오승현

서강대학교에서 국어국문학을 전공했어요. 어린이 독자들이 시민으로서 알아야 할 지식과 교양을 쉽게 전달하는 책을 쓰는 데 힘쓰고 있어요.

지은 책으로 『세계는 왜 끝없이 싸울까?』, 『선을 넘는 세계사』, 『인공 지능 판사는 공정할까?』, 『이토록 불편한 쇼핑』 등이 있고, 청소년 도서로 『오늘 몇 번의 동의를 구했나요?』, 『인공지능 좀 아는 10대』, 『생각의 주인은 나』 등이 있어요. 『생각의 주인은 나』는 중학교 국어 교과서에 실려 있습니다.

그림 김주경

대학에서 디자인을 공부했고 지금은 어린이책에 그림을 그리는 일러스트레이터로 활동하고 있어요. 직접 쓰고 그린 그림책으로 『끼꼬 할아버지의 비밀』, 『콧속이 간질간질』, 『다시 그려도 괜찮아』, 『엎드려 관찰하고 자세히 그렸어요』가 있고, 그림만 그린 책으로 『엄마 소방관, 아빠 간호사』, 『폭탄머리 아저씨와 이상한 약국』, 『날아라, 삑삑아!』, 『첩자가 된 아이』 등이 있어요. 이야기를 통해 공상에 빠지고, 그 세계를 그림으로 그려 내는 걸 가장 좋아해요.

지구에 옷이 너무 많다고?

초판 발행 2025년 11월 4일 초판 인쇄 2025년 11월 4일
글쓴이 오승현 그린이 김주경
펴낸이 남영하 편집 조웅연 전예슬 디자인 박규리 마케팅 김영호 경영지원 최선아
펴낸곳 ㈜씨드북 주소 03149 서울시 종로구 인사동7길 33 남도빌딩 3F 전화 02) 739-1666 팩스 0303) 0947-4884
홈페이지 www.seedbook.co.kr 전자우편 seedbook009@naver.com 인스타그램 instagram.com/seedbook_publisher
ISBN 979-11-6051-737-8 (77300)

ⓒ 오승현, 김주경 2025

이 책은 저작권법에 따라 보호받는 저작물이므로 무단 전재와 무단 복제를 금지하며,
이 책 내용의 전부 또는 일부를 이용하려면 반드시 저작권자와 ㈜씨드북의 서면 동의를 받아야 합니다.

제조국명: 대한민국 | 사용연령: 6세 이상
KC마크는 이 제품이 공통안전기준에 적합하였음을 의미합니다.
종이에 베이지 않게 주의하세요.

• 책값은 뒤표지에 있어요. • 잘못 만들어진 책은 구입하신 서점에서 바꾸어 드려요. • 씨드북은 독자들을 생각하며 책을 만들어요.

지구에 옷이 너무 많다고?
우리가 몰랐던 옷의 비밀

오승현 글 김주경 그림

씨드북

우리가 사용하는 모든 것은 자연의 선물이에요.
물, 공기, 음식 그리고 옷까지도요. 자연은 우리에게 필요한 것들을 주고,
우리는 그것들을 사용한 뒤 다시 자연에 돌려줘야 해요.
그런데 우리가 매일 입는 옷이 지구를 아프게 한대요. 이게 대체 무슨 말일까요?

옷장을 열어 보세요.
지난겨울에 입은 스웨터, 새 학기 첫날 입고 간 티셔츠,
생일 파티처럼 중요한 날 입으려고 아껴 둔 원피스까지.
색깔도, 모양도, 재질도 다른 여러 옷이 있을 거예요.
"어휴, 입을 옷이 없네."
옷장 앞에서 흔히 하는 말이에요.
옷장에 옷이 가득한데도 우리는 새 옷을 사요.
새 옷을 입으면 마음이 설레고, 멋진 옷을 입고 나가면
친구들이 "와, 그 옷 멋진데" 하고 칭찬하니까요.
그런 말을 들으면 어깨가 으쓱해지죠.

그런데 이 옷들이 어떻게 만들어졌을까요?
더 이상 입지 않는 옷, 주인을 찾지 못한 옷은 어떻게 될까요?
새 옷은 우리를 기쁘게 하지만, 지구를 아프게 한답니다.
옷이 지구에 어떤 영향을 끼치는지 지금부터 알아봐요.

전 세계에서 한 해에 1000억 벌이 넘는 옷이 생산돼요.
1000억 벌이 얼마나 많은지 실감이 안 된다고요?
이 옷들을 이어 붙이면 지구를 5000번 감쌀 수 있어요.
옷이 많이 생산될수록 지구에 미치는 영향도 커져요.

옷은 무엇으로 만들까요?

땀을 잘 흡수하는 '면'은 식물에서 얻어요. 목화에서 나온 솜으로 면을 만들죠.

부드러운 '비단'은 곤충에서 얻어요.

누에는 나방이 되기 전에 번데기로 변하면서 누에고치를 만드는데, 거기에서 실을 뽑아내요.

요즘은 옷 대부분을 석유로 만들어요.

석유로 만든 옷감을 '합성 섬유'라고 해요. 일종의 플라스틱이라고 생각하면 돼요.

가볍고, 튼튼하고, 값싸서 좋아요.

석유가 옷이 되기까지

옷 안쪽에 달린 표에는 섬유 소재 이름이 적혀 있어요. 그중 나일론, 폴리에스터 같은 것들을 합성 섬유라고 해요. 합성 섬유는 주로 땅속에서 뽑아낸 석유로 만들어요. 석유를 정제하는 과정에서 '나프타'라는 물질이 나오는데, 바로 섬유의 주재료예요. 여기에서 길고 가는 실을 뽑아내요. 이 실을 천으로 짠 다음 갖가지 색을 입히면 합성 섬유가 완성돼요.

문제는 미세 플라스틱이에요.
우리가 옷을 많이 사고 버리면 플라스틱이 땅과 바다에 쌓여요.
이 플라스틱은 썩지 않고 아주 작은 조각들로 쪼개지기도 하는데, 이게 미세 플라스틱이에요.
미세 플라스틱이 강과 바다로 퍼져 나가면 우리가 마시는 물과 먹는 음식에 섞일 수 있어요.
미세 플라스틱은 너무 작아서 물고기나 조개가 먹이라고 착각하고 먹어 버리거든요.
그 물고기를 우리가 먹으면, 미세 플라스틱도 함께 먹게 돼요.

방글라데시에서는 강물을 보면 그해 유행하는 옷 색깔을 알 수 있대요.
옷을 만들 때 쓰는 물감이 강을 온통 물들이기 때문이에요.
옷을 만들 때는 많은 물과 염색약이 필요해요.
면 셔츠 한 장을 만들려면 2700리터의 물이 사용돼요.
2700리터는 얼마나 많을까요?
어린이 한 명이 5년 동안 마실 수 있는 물이에요.
어린이가 1년 동안 마시는 물이 500리터가 조금 넘거든요.

옷 만드는 데 드는 물 비교

티셔츠 한 장: 2700리터
양말 한 켤레: 600리터
가죽 구두 한 켤레: 8000리터
청바지 한 벌: 7000-10000리터

물감은 옷에 예쁜 색을 입혀 주지만, 강과 바다를 더럽혀요.
공장에서 나온 물이 강으로 흘러가면, 물고기들이 죽어요.
물이 더러워지면, 물고기들은 숨 쉬기도 힘들고 먹이도 찾기 어려워요.
옷을 살 때는 옷이 어떻게 만들어졌는지 생각해 봐야 해요.
그래야 물고기들이 맑은 물에서 건강하게 살 수 있어요.

# 동물들도 옷을 만드는 데 희생돼요

짐승의 털과 가죽으로도 옷을 만들어요.
우리가 입는 옷 때문에 많은 동물이 고통을 겪고 있어요.
모피 농장에서는 여우나 밍크, 너구리 같은 동물들이 더럽고 좁은 우리에 갇혀 살아요.
이 동물들은 야생에서처럼 마음껏 뛰어놀지 못하고, 햇빛을 보거나 흙냄새를 맡지 못해요.
우리가 털과 가죽을 얻는 과정에서 동물들은 두려움과 고통에 차 죽음을 맞아요.
이런 일이 일어나지 않도록, 우리가 할 수 있는 일이 있어요.
모피나 가죽 제품이 아닌 옷을 고르는 거예요. 꼭 가죽으로 된
제품이 필요하다면 대체 가죽 제품을 사용하고요.
버섯이나 파인애플 잎, 포도 껍질 등으로 만든 대체 가죽이 있어요.
옷이나 가방을 살 때 동물을 생각해서 고르면,
동물 친구들이 자연에서 행복하게 살 수 있답니다.

동물 모피(털과 가죽)가 사용돼요

가죽 가방: 소

패딩 모자: 라쿤

밍크 코트: 밍크

앙고라 니트: 앙고라 토끼

이산화탄소는 우리가 숨을 쉴 때 내뿜는 공기예요.
우리 몸은 들이마신 산소로 영양소를 태워서 힘을 얻는데,
그 과정에서 이산화탄소가 생겨요. 옷을 만들 때도 이산화탄소가 생겨요.
실을 뽑거나 천을 짜거나 염색하는 과정에서 전기가 필요해요.
전기를 만들려면 석탄 같은 연료를 태워야 하는데
그때 엄청난 양의 이산화탄소가 발생해요.
옷을 만들면 만들수록 이산화탄소가 더 많이 발생하는 거예요.

공장에서 만들어진 옷이 우리에게 오기까지 먼 거리를 이동해요.
어떤 옷은 아주 먼 나라에서 와요.
큰 배를 타고 바다를 건너거나 비행기를 타고 하늘을 날아서 말이에요.
옷을 실어 나르는 배와 비행기는 연료를 많이 써요.
그 연료가 타면서 나오는 연기는 하늘을 더럽히고,
그 연기 속에는 우리 몸에 나쁜 미세 먼지도 섞여 있어요.
게다가 먼 거리를 이동할수록 옷을 단단히 포장해야 해서 포장재가 더 많이 쓰여요.

그래서 우리가 옷을 고를 때는
'이 옷이 어디서 왔을까?'를 생각해 봐야 해요.
가까운 곳에서 온 옷을 고르면, 옷의 여행 거리가 짧아져 지구가 덜 아플 수 있어요.
우리가 옷을 고를 때 더 깊이 생각한다면, 지구가 건강해질 수 있어요.

 # 기후 변화-지구가 뜨거워지고 있어요

온실에 들어가 봤나요? 겨울에도 온실 안은 따뜻하답니다.
온실을 둘러싼 유리가 따뜻한 공기를 가두고 있어서예요.
지구를 감싼 온실가스는 온실처럼 열을 가둬서
지구를 따뜻하게 해요.
그런데 이제는 이산화탄소 같은 온실가스가
너무 많아져서 걱정이에요.
온실가스가 늘어나면서 지구가 점점 뜨거워지고 있거든요.
이를 지구 온난화라고 불러요.

지구가 더워지면 어떤 일이 생길까요?
무더위, 강추위, 홍수, 태풍, 가뭄, 사막화 등의 극단적인 기후 현상이 많이 발생해요.
이런 변화는 우리에게 큰 위협이에요. 특히 가뭄과 사막화로
물과 식량이 부족해지면 그 자원들을 둘러싼 다툼이 잦아질 거예요.
지구가 더워지면 빙하가 녹기도 해요.
빙하가 녹아 바닷물이 불어나면, 바닷가 도시들이 물에 잠길 수도 있어요.
그때는 많은 사람이 살던 곳을 떠나야 해요.
실제로 바닷물에 잠겨 사라질 위기에 처한 섬나라들도 있어요.

동물들에게도 큰 위협이 될 거예요.
기후 변화로 자연이 변하면서 먹이를 찾기 어려워하는 동물들이 생기고,
북극과 남극에 사는 동물들은 빙하가 사라져 살 곳을 잃게 되겠죠.
지금도 이러한 일들이 일어나는 중이에요.

필요 이상으로 옷을 많이 살 때가 종종 있지 않나요?
그렇게 많아진 옷은 대부분 옷장에서 잠만 자게 돼요.
입지 않은 채로 잊힌 옷이 되어 버려요.
옷을 많이 사면 어떤 문제가 생길까요?
입지 않는 옷들은 결국 버려지고 쓰레기가 돼요.
그래서 옷을 살 때는 정말 필요한지,
또 오래 입을 수 있는지 고민해 봐야 해요.
'이 옷이 정말 필요할까?' 하고 스스로 물어보는 거예요.

많은 사람에게 옷이나 물건, 행동 등이 호응을 얻어
빠르게 퍼지는 현상을 '유행'이라고 해요.
유명 연예인이 입은 옷이 유행이 되면 사람들은 그 옷을 따라 입고 싶어 해요.
새로운 유행이 나타나면 많은 사람이 다시 새 옷을 사요.
작년에 샀던 옷들이 옷장에서 밀려나고, 새로운 옷들이 옷장으로 들어오죠.
하지만 그 옷들도 곧 구식이 돼 버려요.

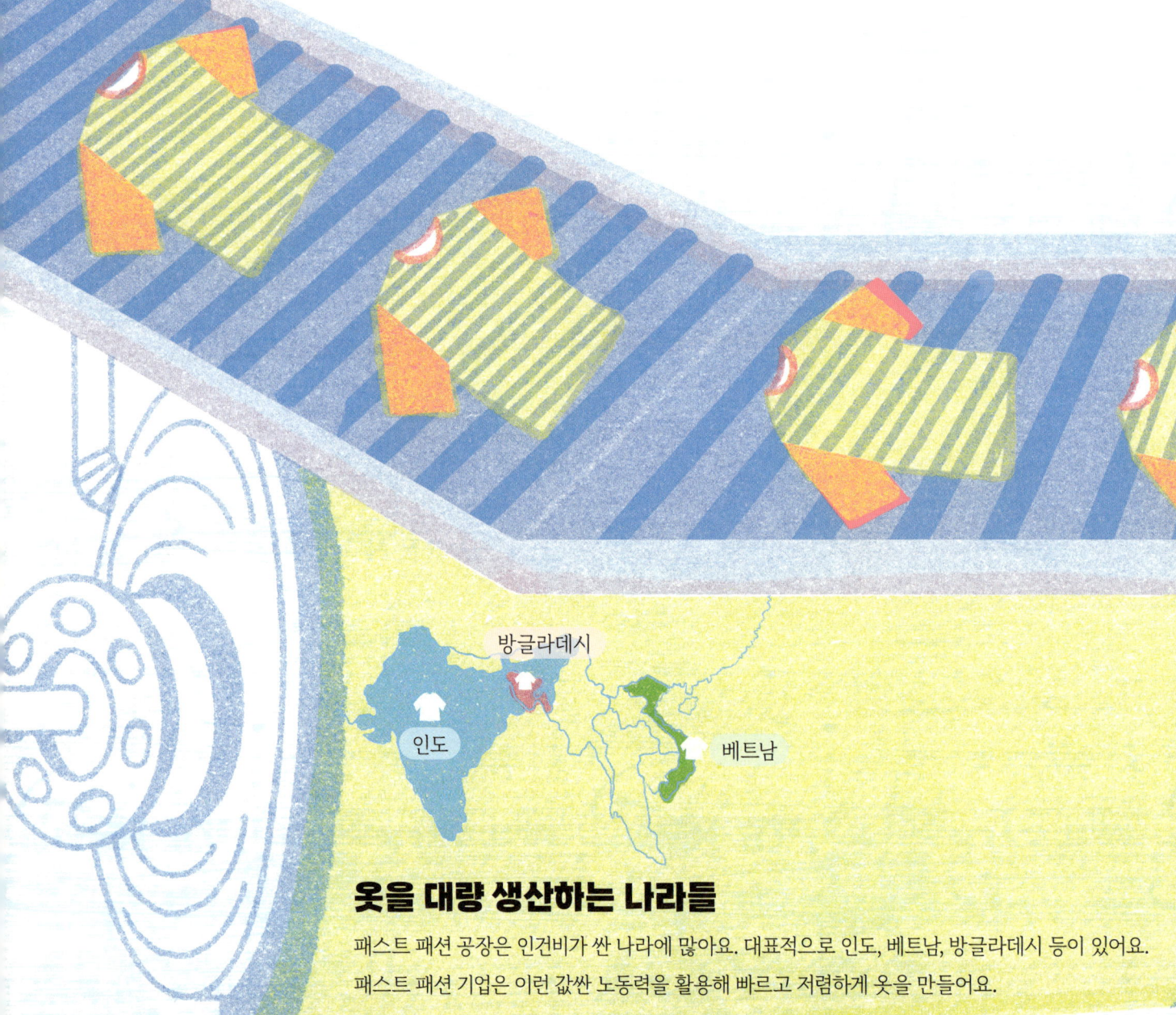

옷을 대량 생산하는 나라들

패스트 패션 공장은 인건비가 싼 나라에 많아요. 대표적으로 인도, 베트남, 방글라데시 등이 있어요.
패스트 패션 기업은 이런 값싼 노동력을 활용해 빠르고 저렴하게 옷을 만들어요.

유행에 따라 빨리빨리 옷이 만들어지는 현상을 '패스트 패션'이라고 해요.
패스트푸드처럼 옷이 빠르게 만들어지고, 값도 비교적 저렴해요.
패스트 패션에 의해 만들어지는 옷은 대부분 노동력이 저렴한 나라에서 대량 생산돼요.
이렇게 만들어진 옷은 금방 유행이 지나서 버려지는 경우가 많아요.
옷이 싸다고, 쇼핑이 편리하다고 함부로 사면 안 돼요.
환경을 생각한다면, 내가 좋아하는 옷을
아끼고 오래 입어야 해요.

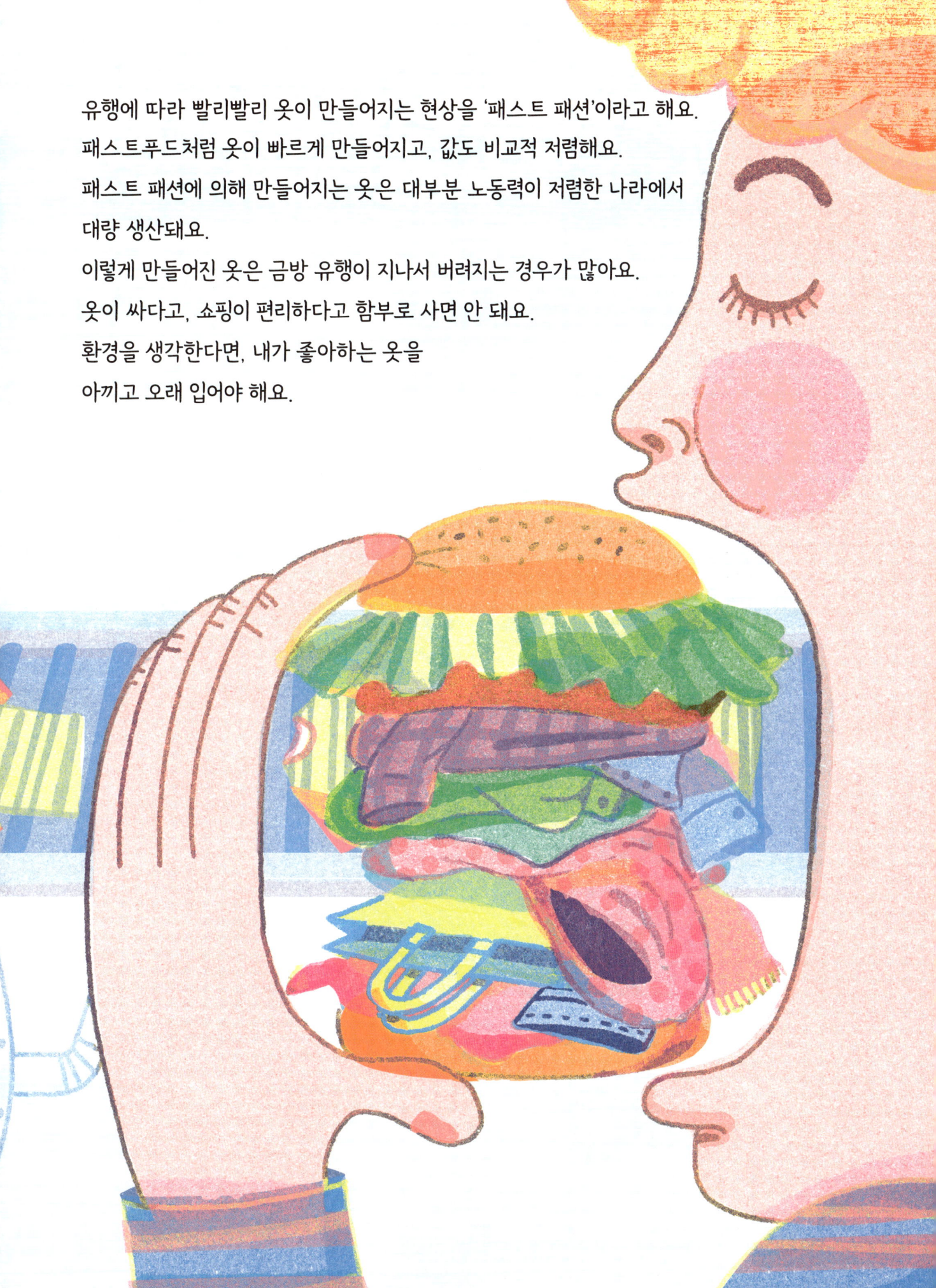

버려진 옷들은 어디로 갈까요? 일부는 헌 옷 매장에서 다시 팔려요.
그러나 대부분의 헌 옷은 새 주인을 찾지 못해요.

매년 전 세계에서 약 1000억 벌의 옷이 만들어지는데,
그중 300억 벌은 팔리지 않고, 땅에 묻히거나 불태워져요.
옷을 태우면 해로운 물질이 섞인 연기가 하늘로 퍼져요.
특히 합성 섬유로 만든 옷을 태우면 나오는 물질 중
다이옥신은 암 같은 무서운 질병을 일으킬 수도 있어요.

대부분의 헌 옷은 먼 나라로 보내져요.
그곳에서 다시 팔리면 새롭게 쓰일 수 있어요.
하지만 모든 옷이 기회를 얻는 건 아니에요.
헌 옷이 너무 많이 쌓이다 보니 그 나라 사람들도 다 입지 못하거든요.

버려진 헌 옷들은 사막이나 강가에 쌓여요.
아프리카 가나에는 옷더미가 쌓여 약 20미터 정도의 언덕이 됐어요.
풀을 먹지 못한 소들이 버려진 옷을 먹기도 해요.
강가에 쌓인 옷들은 비가 오면 바다로 흘러가요.
그러면 바다는 오염되고 결국 물고기들이 살기 힘들어져요.
이런 일은 칠레, 케냐 같은 나라에서도 벌어지고 있어요.

잠깐! 우리가 할 수 있는 노력

옷을 너무 많이 사면 지구가 아프다는 걸 함께 살펴봤어요.
그럼 이제 지구를 지키면서 옷을 입을 수 있는 방법을 함께 살펴볼까요?

중고로 옷을 사요.
다른 사람이 이제는 입지 않는 옷을 사는 것도 좋아요.
중고 옷은 새 옷보다 저렴하고, 자원도 아낄 수 있어요.

필요한 옷만 사기
옷을 살 때는 '정말 이 옷이 꼭 필요할까?' 하고
스스로에게 물어보세요.
필요하지 않은 옷은 사지 않는 게 좋아요.

싫증 나지 않을 옷 고르기
유행하는 옷이 아닌, 단순하고 질리지 않는 옷을
고르면 오래 입을 수 있어요.

고쳐 입기
옷이 조금 망가졌다고 바로 버리지 말아요.
바느질해서 다시 입거나, 가방이나 주머니 같은
소품으로 새롭게 만들 수도 있어요.

바꿔 입기
입지 않는 옷을 친구들과 바꿔 입어도 좋아요.
새 옷을 덜 사게 되니 모두에게 좋은 일이죠.

도움이 필요한 곳에 옷 보내기

헌 옷을 기부하는 것은 옷을 다시 활용하는 좋은 방법이에요. 사회적 기업인 '아름다운가게'나 장애인을 돕는 '굿윌스토어' 등에서 기부가 가능해요. 이렇게 하면 이웃도 돕고, 멀쩡한 옷을 버리지 않고 다시 쓸 수 있어요. 새 옷을 만들지 않아도 돼 자원도 아끼고 쓰레기도 줄일 수 있어요. 옷장 속의 입지 않은 옷을 기부해 보세요. 지구를 지키는 데 큰 도움이 될 거예요.

우리가 먹고, 마시고, 입고, 쓰는 모든 것은 지구에서 나와요.
지구는 필요한 것들을 꺼내 쓸 수 있는 거대한 창고 같아요.
하지만 우리는 너무 많이, 너무 빨리 지구의 자원을 써 버리고 있어요.
마치 한 달 용돈을 하루 만에 다 써 없애는 것처럼요.
그러면 나중에 정말 필요할 때 쓸 것이 남지 않겠죠.
우즈베키스탄의 아랄해는 지금은 거의 말라 버렸어요.
원래 크기의 10분의 1 정도만 남아 있어요.
사람들이 목화를 많이 키우려고 50년 동안 물을 마구 사용했기 때문이죠.
지금처럼 물건을 많이 만들고 쓰려면 지구가 1.7개는 필요하대요.
그런데 우리에게는 지구가 하나뿐이잖아요.
우리는 지구의 자원을 아껴 써야 해요. 꼭 필요한 옷만 사고 이미 산 옷은 오래오래 입어야 해요. 지구가 건강해야 우리의 미래도 건강할 거예요.

지구 생태 용량 초과의 날

지구의 자원은 무한하지 않아요. 하지만 사람들은 자원을 너무 빨리 써 버리고 있어요. 그래서 미국의 환경 연구 단체에서는 매년 '지구 생태 용량 초과의 날'을 발표해요. 이날은 지구가 1년 동안 쓸 수 있게 준비해 둔 자원을 사람들이 몽땅 써 버린 날이에요. 이날이 오면, 지구는 '올해 쓸 자원이 바닥났군. 이제 좀 쉬어야겠네'라고 속삭여요. 그러나 지구는 쉬지 못해요. 이후에도 사람들이 쉴 새 없이 나무를 베고, 물고기를 잡고, 자원을 쓰거든요. 우리가 관심을 기울이고 아끼고자 노력하면 지구도 한숨 돌릴 수 있을 거예요.

자연은 마법 같은 순환 고리를 가지고 있어요.
바닷물이 증발해 구름이 되고, 구름은 비가 되어 내려와요.
사람이 그 물을 마시면 물은 오줌으로 나오고,
오줌은 다시 거름이 되거나 바다로 흘러가고요.

나뭇잎이 땅에 떨어지면 거름이 되고, 그 거름에서 다시 새로운 생명이 자라나요.
작은 씨앗이 싹을 틔워 꽃을 피우고 열매를 맺어요.
끊임없이 돌고 돌면서 다시 쓰이는 게 자연의 질서예요.
인류는 자연의 질서에 맞춰 살아왔어요.

그러나 지금 우리는 그 질서를 거스르고 있어요.
그 결과, 엄청난 쓰레기가 생겼어요.
옷을 사고 또 사고, 버리고 또 버리는 건 자연 질서를 파괴하는 거예요.
물건이 돌고 돌 수 있게 해야 해요.
지구는 한 번 쓰고 버리는 일회용품이 아니에요.
단 하나뿐인, 우리 모두의 집이에요.